himmlisch wohnen

Werner Thiede

himmlisch wohnen

Auferweckt zu
neuem Leben

EVANGELISCHE VERLAGSANSTALT
Leipzig

Bibliographische Information der Deutschen Nationalbibliothek
Die Deutsche Nationalbibliothek verzeichnet diese Publikation in der
Deutschen Nationalbibliographie; detaillierte bibliographische Daten
sind im Internet über http://dnb.de abrufbar.

© 2023 by Evangelische Verlagsanstalt GmbH · Leipzig
Printed in Germany

Das Werk einschließlich aller seiner Teile ist urheberrechtlich geschützt.
Jede Verwertung außerhalb der Grenzen des Urheberrechtsgesetzes
ist ohne Zustimmung des Verlags unzulässig und strafbar.
Das gilt insbesondere für Vervielfältigungen, Übersetzungen,
Mikroverfilmungen und die Einspeicherung und Verarbeitung in
elektronischen Systemen.

Das Buch wurde auf alterungsbeständigem Papier gedruckt.

Gesamtgestaltung: Ulrike Vetter, Leipzig
Coverbild: XtravaganT/AdobeStock
Druck und Binden: CPI books GmbH

ISBN 978-3-374-07419-8 // eISBN (PDF) 978-3-374-07420-4
www.eva-leipzig.de

Vorwort

In einer Apotheken-Zeitung fand ich einmal einen nachdenklich stimmenden Witz. Sagt ein erlöster Himmelsbewohner sinnierend zu seinem Gesprächspartner: „Hätte ich gewusst, wie schön es hier oben ist, dann hätte ich nicht so gesund gelebt!" Die Pointe zielt hier zum einen auf die verbreitete Diesseitsorientierung in unserer säkularen Welt: Macht doch der weitende Perspektivwechsel, dass es ja ganz anders sein könnte, als viele Menschen landläufig in ihrer spirituellen Kurzsichtigkeit meinen, eine gewaltige geistige Fallhöhe auf! Zum andern kann man sich denken, dass selbst aus himmlischer Perspektive das Verantwortungsgefühl für ein gesundes Leben auf Erden, also für einen sorgfältigen, gewissenhaften Umgang mit diesem Himmelsgeschenk durchaus anzuraten ist. Einer der kürzesten Witze, die ich kenne – und in seiner Komplexität doch einer der besten und gehaltvollsten!

Wir alle wissen: Unsere Welt ist vergänglich. Sie bietet keine bleibende Heimat. Und doch verdrängen wir diese urmenschliche Erkenntnis allzu gerne und erfolgreich. Für den christlichen Glauben aber war immer schon klar, dass der Lebensweg eine Pilgerschaft in die eigentliche, himmlische Heimat bedeu-

»O Ewigkeit, du schöne,
mein Herz an dich gewöhne!
Mein Heim ist nicht
in dieser Zeit.«

Gerhard Tersteegen

tet. So war beispielsweise für den zunehmend mystisch geprägten Erfolgsschriftsteller Karl May der Tod nicht etwa radikaler Abbruch, sondern „der Bote Gottes, der uns nur naht, um uns empor zu führen zu jenen lichten Höhen, von denen der Erlöser seinen Jüngern sagte: ‚In dem Hause meines Vaters sind viele Wohnungen, und ich gehe hin, euch die Stätte zu bereiten'" (nachzulesen in dem Reiseroman „Von Bagdad nach Stambul"). Unsere Kultur ist heute freilich immer weniger christlich geprägt. Die Himmelsausrichtung menschlicher Existenz versteht sich sogar in kirchlichen Kreisen nicht mehr von selbst.

„Himmlisch" wohnen wollen heute nicht nur die besonders Wohlhabenden und Reichen, sondern auch viele mittelständische Zeitgenossen. Eine Homepage „himmlisch-wohnen.de" wirbt für Küchen. So manches Möbelhaus hat die Formulierung „himmlisch wohnen" im Programm. Diese Formel gilt insbesondere für das sogenannte *smart home*. Da werden zahlreiche Vorgänge wie von Zauberhand künstlich-intelligent gesteuert; fast wie im Paradies oder im Schlaraffenland ist man von etlichen alltäglichen Handgriffen entlastet. Doch Peter Leppelt warnt: „Wir stehen kurz vor der Vernetzung aller, auch der unverdächtigsten Alltagsgegenstände, und niemand macht sich klar, was das für Konsequenzen haben kann." Überhaupt: Auf welch ein letztlich doch hinfälliges Paradies bauen die Menschen beim „smarten" Wohnen? Und bauen sie da nicht zugleich an ihrer „digitalen Demenz", wie der Hirnforscher Manfred Spitzer meint? Wie wenig intelligent sind sie eigentlich, wenn sie dem illusionären Versprechen der digitalen Transformation glauben, Menschen könnten bald dank High-Tech zur Unsterblichkeit gelangen? Bliebe solch eine künstlich hergestellte „Nichtsterblichkeit" faktisch doch jenseits des verlorenen Paradieses, das man auf diese Weise vergeblich sucht! Wäre solches Streben nicht ein frevelhafter Versuch, entfremdete Existenz ins Unendliche zu verlängern? Und ist nicht solch technische „Unsterblichkeit" blanke Lüge angesichts der offenkundigen Vergänglichkeit unseres Planeten, ja unserer Galaxie? Himmel und Erde werden vergehen, sagt Jesus (Mark 13,31), um zu betonen: „Was hülfe es dem Menschen, wenn er die ganze Welt gewönne und nähme Schaden an seiner Seele?" (8,36). Weder ein smartes Heim noch der sogenannte Fortschritt lassen uns wirklich „besser" wohnen; sie lassen uns insbesondere die existenzielle Unbehaustheit im Herzen nicht überwinden. Denn der Sieg über Tod und Vergänglichkeit liegt allein bei Gott – oder es gibt diesen Sieg nicht!

Das vorliegende Büchlein geht in zwölf Abschnitten der Frage nach, wie und wo der Mensch als vergängliches Wesen, als „Mängelwesen" tatsächlich Heimat und Wohnrecht auf Dauer finden kann. Sollte seine Weltoffenheit nicht auch eine prinzipielle Offenheit für die Ewigkeit, für die neue, vollendete Welt Gottes einschließen? Ich hoffe, mit meinen Gedanken zu einer Grundfrage des Menschseins in aller Kürze möglichst verständlich hilfreiche Antworten geliefert und sie obendrein mit meinen beigegebenen Gedichten ein wenig „beleuchtet" zu haben. Zur eventuellen Vertiefung darf ich verweisen auf mein Buch „Unsterblichkeit der Seele? Interdisziplinäre Annäherungen an eine Menschheitsfrage" (2. Aufl. 2022).

Werner Thiede

Vergänglichkeit

Der bittere Geschmack des Lebens
— hebt er nicht alle Süße auf?
Die Jagd nach Glück bleibt oft vergebens,
Vergänglichkeit nimmt ihren Lauf.

Wär' da nicht Ewigkeit am Horizonte,
es gäbe keinen letzten Sinn!
Weil ich stets Gott vertrauen konnte,
nehm' ich das Bittere gern hin.

Jenseits des Todes wird sich zeigen,
dass Gottes Herrlichkeit regiert
und aller üble Schmerzensreigen
sein tristes Spiel zum Schluss verliert.

1
Vorsorgen ist weise

Wem es finanziell möglich ist, der sorgt gewöhnlich fürs Alter vor. Dazu gehört oft der rechtzeitige Erwerb einer oder gar mehrerer Immobilien. In unserer verweltlichten Kultur geht es dabei allerdings vielen Zeitgenossen wie dem reichen Mann in Jesu bekanntem Gleichnis: Man denkt nicht an die Möglichkeit und Wirklichkeit des Todes, tabuisiert die Endlichkeit des Lebens und sorgt nur fürs Diesseits vor. Wie kurzsichtig, ja dumm, meint der Theologe Lothar Gassmann mit Blick auf solche Leute: „Sie bauen sich schöne Häuser. Sie richten sie mit kostbarsten Möbeln ein, aber um ihre himmlische Wohnung kümmern sie sich nicht."

> »Wenn ich in mir ein Verlangen entdecke, das durch nichts in dieser Welt gestillt werden kann, dann ist es nahe liegend, dass ich für eine andere Welt geschaffen wurde.«
> Clive S. Lewis

Schon der berühmte Romanschriftsteller Karl May schrieb in seinem weisheitlichen Band „Himmelsgedanken" (1900): „Wer sein altes Heim verläßt, pflegt vorher für ein neues zu sorgen. Wirst du dir, wenn du stirbst, eine himmlische Wohnung gesichert haben?" Gewiss – ob es überhaupt nach dem Tod weitergeht, ist nicht objektiv bewiesen oder als „sicher" erwiesen.

Aber hier gilt es dreierlei zu bedenken:
- Erstens ist es doch auffällig, dass in ungefähr allen Kulturen der Menschheit und zu allen Zeiten die eine oder andere Form von Jenseitsglauben anzutreffen war und ist. Sollte sich in diesem Befund nicht ein universales Erahnen eines umgreifenden Sinnhorizonts aussprechen? Der Bibellehrer Randy Alcorn hat diese Erfahrung einmal so formuliert: „Ich war noch nie im Himmel, und doch fehlt er mir. Der Garten Eden liegt mir sozusagen im Blut."
- Zweitens müssen die sogenannten Nahtod-Erfahrungen nachdenklich stimmen, die international inzwischen sehr gut untersucht sind und immerhin, wenn auch nicht Beweise, so doch Indizien dafür liefern, dass der Tod nur eine relative und keine absolute Schranke darstellt. Trotz kultureller Unterschiede in den individuellen Berichten von diesen Spontan-Visionen fallen viele international und die Jahrhunderte übergreifende Gemeinsamkeiten auf. Dazu zählt etwa eine „Abholung" oder Begrüßung an der Jenseitsgrenze durch Freunde und Verwandte, wobei jene Personen auffälligerweise immer nur tatsächlich Verstorbene darstellen, so dass ein bloßes Träumen oder Phantasieren schon von daher so gut wie ausgeschlossen ist. Hinzu kommen seltene Fälle von merkwürdigem Wissenserwerb aus solch transzendenten Begegnungen, dessen Inhalte dem Betreffenden vorher nicht bekannt waren und deren Richtigkeit erst hinterher durch Recherchen bestätigt wurde.

> »Wenn mit diesem Leben alles aus wäre, dann verlohnte es sich nicht, abends die Strümpfe aus- und sie morgens wieder anzuziehen.«
>
> Otto von Bismarck

- Drittens gilt es allemal abzuwägen: Sollte mit dem Tod wirklich alles zu Ende sein, so wird man dies nie verifizieren können. Wer hierauf baut, wird im Falle des Zutreffens nicht belohnt, es sei denn hier und jetzt durch eine rigoros materialistisch-genießerische Lebensweise – die man aber just mit der dauernden Ungewissheit zu bezahlen hat, ob sich mit dem Tod nicht doch eine andere, tiefere Sinn-Dimension eröffnen und man sich gehörig verkalkuliert haben könnte. Und dieser Grundirrtum wäre dann sehr wohl wahrzunehmen!

> »Die Frage ist falsch gestellt, wenn wir nach dem Sinn unseres Lebens fragen. Das Leben ist es, das Fragen stellt; wir sind die Befragten, die zu antworten haben.«
>
> Viktor E. Frankl

Es ist also ganz eindeutig ein Zeichen von Weisheit, sich ernsthaft und rechtzeitig mit der Frage der Vorsorge nicht nur fürs Alter, sondern für die Ewigkeit zu befassen. Hier geht es um den letzten und damit tiefsten Sinn von allem. Der Psychologe Sigmund Freud konnte 1937 einmal formulieren: „Im Moment, da man nach Sinn und Wert des Lebens fragt, ist man krank, denn beides gibt es ja in objektiver Weise nicht …". Freuds Denkfehler liegt auf der Hand: Auch die Aussage, dass es einen letzten Sinn nicht gebe, beansprucht Objektivität – und zwar ebenso zu Unrecht! Von daher lässt sich umgekehrt sagen: Seelisch krank ist oder kann werden, wer die Frage nach dem tragenden, umgreifenden Sinn verdrängt. Die zentrale Bedeutung der Sinnfindung für das menschliche Leben hat denn auch bald nach Freud der Wiener Psychologe Viktor Emil Frankl herausgearbeitet. Er erblickte in dem massenhaften Sinn-Mangel der modernen Zeit eine regelrechte Massenneurose. Dank seines Sinnes für den Sinn sei der Mensch in der Lage, dem Schicksal zu trotzen – auch noch angesichts des Todes.

Als Skeptiker oder Atheist bewegt man sich im Grunde ebenso auf dem Gebiet des Glaubens wie als religiöser Mensch. Religionen geben Antworten, die freilich auf Grund ihrer Unterschiedlichkeit nicht eben beheimatend wirken mögen. Und doch gilt hier Jesu Wort: „Wer da sucht, der findet; und wer da anklopft, dem wird aufgetan" (Mt 7,8). Ein Vorteil ist es natürlich, wenn beim Suchen Vergleiche angestellt werden können, um sich möglichst gewissenhaft zu orientieren. Als Pfarrer und Theologieprofessor bin ich selber sehr dankbar, religionswissenschaftliche Vergleichsmöglichkeiten reichlich gehabt und wahrgenommen zu haben; davon legt unter anderem mein Buch „Die Wahrheit ist exklusiv" Zeugnis ab (Neuausgabe 2022). Und im Rückblick darf ich als Ruheständler sagen: Es gibt keinen tieferen Sinn und keine schönere oder größere Hoffnung auf der Welt als die des biblisch begründeten Glaubens, ja es ist gar keine größere denkbar! Keine andere Perspektive ist so von Wahrheit und Liebe gleichermaßen getragen, von Zuversicht und Weite, von Gegenwartstrost und Hoffnungskraft geprägt wie die, die sich im Kontext des Vertrauens auf Jesus Christus, den gekreuzigten Auferstandenen eröffnet. Da lässt sich spirituell bestens Wohnung nehmen!

2
Der veruntreute Himmel: Verkehrte Vorsorge

Von dem Bestsellerautor Franz Werfel stammt der später auch verfilmte Roman „Der veruntreute Himmel. Die Geschichte einer Magd" (1939). Er schildert die Unsinnigkeit von Erlösungsversuchen aus eigener Initiative am Beispiel der schlichten, frommen Magd Teta Linek. Diese Katholikin hat einen festen Lebensplan und den unbeugsamen Willen zur seligen Unsterblichkeit. Um sich einen Platz im Himmel auf ewig sicherzustellen, versucht sie sich durch ein großes „gutes Werk" dort gewissermaßen einzukaufen, indem sie dem Sohn ihres einzigen Bruders mit ihren Ersparnissen das Theologiestudium finanziert. Dabei genügt es ihr, wenn er als Priester durch das Lesen heiliger Messen für ihr Seelenheil sorgt. Doch der Neffe ist in Wahrheit keineswegs Priester geworden, sondern handelt als Schwindler und Betrüger, der schließlich der Tante vorgaukelt, in ihrem Geburtsort eine Pfarrstelle zu erhalten und sie da zu sich nehmen zu wollen. Als sie aber dorthin reist, muss sie geschockt realisieren, dass all seine Beteuerungen erlogen waren und ihre Seligkeit sozusagen zum Teufel war. Sie fürchtet jetzt Gottes strenges Urteil für ihren etwas schrägen Versuch mit dem noch schrägeren Ergebnis. Aber in einem letzten Kraftakt rafft sie sich auf und ver-

Verspielt

Verspielt die kleine Katze!
Wie süß sie sich bemüht
Mit sanft geballter Tatze!
Wie heiß das Näschen glüht!

Verspielt die lieben Kinder!
Bald sind sie stark und groß,
Doch sind sie Überwinder,
Ist einst der Teufel los?

Verspielt so viele Stunden
Auf deinem Lebenspfad!
Wie willst du noch gesunden
Und finden Gottes Gnad'?

Verspielt das ganze Leben!
Und wo ist der Gewinn?
Gott hat es dir gegeben,
Doch schon ist alles hin!

Verspielt darfst du im neuen
Jerusalem einst sein.
Da kannst du dich dann freuen:
Die Ewigkeit ist dein!

sucht die Ausführung ihres Lebensplans doch noch umzusetzen: Sie unternimmt eine Pilgerfahrt nach Rom mit Vorsätzen zu weiteren guten Werken. Während einer Audienz beim schwerkranken Papst Pius XI. bricht sie zusammen. Der Kinofilm von 1958 schildert dies eindrücklich – damals sogar mit Aufnahmen des echten Papstes! Und er zeigt: Als sie bereits im Sterben liegt, betritt ein Bischof ihr Krankenzimmer und teilt ihr mit, dass der Papst von ihrem Leiden Kenntnis erlangt habe und für sie bete. Erleichtert stirbt sie – mit der angedeuteten Erkenntnis, dass der Einlass in den Himmel Gnade ist und nicht etwa eigenes Verdienst.

> »Wer sich mit dem Himmel beschäftigt, ist wie ein Bergsteiger auf einem Berg, der den Sonnenaufgang beobachtet. Es macht viel Mühe, aber es ist ein unvergesslicher Ausblick.«
>
> Matthias Herrchen

Himmlisch wohnen – kann man sich das wirklich in keiner Weise erkaufen? Es gibt da ein merkwürdiges Wort Jesu zum Thema Geld: „Macht euch Freunde mit dem ungerechten Mammon, damit, wenn er zu Ende geht, sie euch aufnehmen in die ewigen Hütten" (Lk 16,9). Will hier Jesus etwa sagen, man könne Freunde, ja den Aufenthalt im Himmel, in den „ewigen Wohnungen" kaufen? Hat er denn nicht selbst das „Lösegeld" für uns bezahlt (Mk 10,45), so dass wir als Glaubende schuld(en)frei den Raum der himmlischen Ewigkeit betreten werden können?

Was er – auch dem Kontext dieses Satzes zufolge – offenbar zum Ausdruck bringen will, ist durchaus dies, dass wir unser Geld, unser „Vermögen" klug, nämlich wirklich weitsichtig einsetzen sollten. Kurzsichtig wäre es, nur bis zur Lebensgrenze zu blicken, also Altersvorsorge zu betreiben und zu diesem Zweck recht geizig durchs Leben zu gehen, ja sich womöglich selbst nicht allzu viel zu gönnen – und dabei nicht zu bedenken, dass unser Leben auf Erden jederzeit und mit Sicherheit nach einer gewissen Spanne enden und dann vielleicht geprüft werden wird. Weise wäre es, das von Gott durch seinen Sohn in uns investierte Lösegeld unsererseits so anzulegen, dass damit Liebe und Freude weitergegeben und bei unseren Mitmenschen Probleme gelöst, ja Freundschafts- und Liebesbande im Geist des Ewigen gefördert werden können. Denn himmlisch wohnen werden wir gewiss nicht allein für uns. Und es wäre geschickt, sich im Hier und Heute schon denkend und handelnd darauf einzustellen.

3
Diesseitsflucht oder Jenseitsflucht?

Aber ist der Ausblick auf die himmlische Zukunft nicht illusorische Ablenkung von den Aufgaben und Chancen eben im Hier und Jetzt? Der Bayreuther Pfarrer Friedemann Wenzke warnte im Herbst 2021, manche Christen würden „vor lauter Himmelsfreude eine gewisse Wirklichkeitsflucht" begehen. Mich beschwert indessen eher die umgekehrte Sorge: Zu beobachten ist doch eine immer häufigere Flucht ins Diesseits, tiefer und tiefer hinein in diese vergängliche Welt mit ihrem überschaubaren Wohlstandsglück, ihrem technologischen Glitzerrausch und ihren virtuellen Doppelwelten, die in Nichts zerfallen, wenn jemand den Stecker zieht! Solche Diesseitsflucht macht vergessen, dass unsere wahre Heimat eine wirklich unvergängliche sein sollte, ja dass wir im Endeffekt unausweichlich auf sie zusteuern.

> »Da die Menschen kein Heilmittel gegen den Tod, das Elend, die Unwissenheit finden konnten, sind sie, um sich glücklich zu machen, darauf verfallen, nicht daran zu denken.«
>
> Blaise Pascal (1623–1662)

Viel zu wenig sorgen wir uns im Alltag um unsere Zukunft jenseits unseres doch so befristeten zeitlichen Daseins, viel zu wenig um das Auf-uns-zu-Kommen der Zukunft

Zielgerade

Wir taumeln durchs Leben,
manche mit mehr Glück als Verstand,
manche mit mehr Pech als Verstand,
bis uns am Ende das Schicksal
aller Sterblichen ereilt
und sich uns so oder so
Unsterblichkeit eröffnet

Gottes. Dabei lautet Jesu Gebot doch ausdrücklich: „Trachtet zuerst nach dem Reich Gottes und nach seiner Gerechtigkeit" (Mt 6,33). Das ist die wahre, wirklich wichtige Sorge, der wir entsprechend mehr Raum im Herzen geben sollten: die um die Teilhabe an Gottes Königtum – hier und heute und vollendet in der Ewigkeit.

Man mag das vielleicht spöttisch als Jenseitsflucht bezeichnen. Ich nenne es eine weise Jenseitsorientierung. Ohne solch spirituelle Grundausrichtung hat man sein Lebenshaus, sein wie auch immer geartetes Wohnen im Diesseits auf Sand gebaut. Ohne solche Grundorientierung auf den wahren König hin ist alles irdische Streben nach Sicherheit, Gesundheit, Wohlstand und guten sozialen Kontakten mit einem Minus vor Klammer versehen, weil das entscheidende Fundament fehlt. Je eher und besser wir uns auf die wahre Zukunft einstellen, desto reicher und unbeschadeter werden wir am Ufer der Ewigkeit ankommen. Es wäre nicht nur dumm, sondern im tiefsten Sinne unklug, nicht jene Zukunft nach dem Tod einzukalkulieren.

> »Sammelt euch Schätze im Himmel, wo sie weder Motten noch Rost fressen und wo die Diebe nicht einbrechen und stehlen. Denn wo dein Schatz ist, da ist auch dein Herz.«
>
> Mt 6,20-21

Oft wird Christen vorgeworfen, in Krisenzeiten aufs Jenseits zu vertrösten. Indes – sind nicht Krisenerfahrungen im Leben gerade dazu da, uns Gelegenheit zu geben, unsere dümmliche Jenseitsvergessenheit zu korrigieren und vom falsch eingeschlagenen Weg umzukehren? Die Prediger der konsequenten Säkularisierung weisen mitnichten den Weg zu himmlischem Glück hier oder gar in Ewigkeit. Vielmehr blenden sie kurzschlüssig jenen Horizont aus, der unser irdisches Dasein begrenzt und doch als ein solcher zu verstehen ist, über den hinaus gedacht werden kann und muss.

Dem fränkischen Pfarrer Wilhelm Löhe (1808–1872) war klar, in welche Richtung christlich zu denken sei. „Ich freue mich der Ewigkeit, ich betrachte alle Lehre der Heiligen Schrift mehr nach ihrem ewigen Inhalt", schrieb er 1843 in einem Brief, um fortzufahren: „Die Zeit erscheint mir gering, der Tod ist mir ein kurzer, seliger Gang zur Stadt Gottes, zu den Scharen der Engel, zu meinem Jesus, zu den Scharen der vollendeten Gerechten und zu meinen Seligen, die mein jenseits nicht vergessen, wie ich ihrer diesseits nicht vergesse." Beim Thema „Himmlisch wohnen" geht es nicht um Vertröstung, sondern um echten, verlässlichen Trost.

> »Das Leben ist ein Vorzimmer des Himmels. Unsere größten Freuden sind nur die ersten Früchte und der Vorgeschmack der ewigen Freude, die noch kommen wird.«
>
> Corrie ten Boom

4
Wohnen beim himmlischen Vater

Wer umzieht, kann sich in manchen Fällen seine neue Wohnung selber wählen. Doch das ist keineswegs immer der Fall. Da spielen viele Umstände mit. Und dementsprechend versteht es sich nicht von selbst, dass das Wohnen nach dem Umzug ein besseres sein, dass es zumindest gleiche oder doch vermehrte Geborgenheit schenken wird. Wenn uns eines Tages der Tod ereilt, werden wir erst recht nicht die Wahl haben, wohin wir dann kommen. Weniger um unsere Freiheit dürfte es dann gehen als vielmehr um Gottes Freiheit, um seine Wahl, um sein Gericht. Im Himmel geschieht sein Wille; darum liegt alles letztlich an seiner Entscheidung, seiner Erwählung, die allerdings auch keine rein willkürliche, sondern eine durch und durch gute Wahl sein wird.

Unsere verständliche Suche nach Geborgenheit, nach stabiler Beheimatung und innerer wie äußerer Absicherung stößt im Neuen Testament auf hilfreiche Antworten. Im Kern lässt sich hier Folgendes sagen: Die bleibende Heimat ist das Geschenk personaler Beziehung zum Herrn der

> »Gutes und Barmherzigkeit werden mir folgen mein Leben lang, und ich werde bleiben im Hause des HERRN immerdar.«
>
> Psalm 23

Begehren

Wie soll ich dich begehren,
du unvollkomm'ne Welt?
Wie lieben und verehren,
was mir doch nicht gefällt?

Du kannst mich nicht betören,
du schöne, schnöde Welt!
Wie sollt' ich auf dich hören?
Da ist nichts, was mich hält!

Du, Gott, bist es alleine,
der meine Sehnsucht stillt;
du bringst mein Herz ins Reine,
dass es mit Licht sich füllt.

Du hast zu deinem Kinde
mich Erdenstaub erwählt.
Dass ich zu dir nur finde,
ist's, was auf ewig zählt.

Ewigkeit selbst. Jesus sagt verbindlich zu: „Ich bin die Auferstehung und das Leben. Wer an mich glaubt, der wird leben, ob er gleich stürbe; und wer da lebt und glaubt an mich, der wird nimmermehr sterben" (Joh 11,25–26). Und er versichert: „In meines Vaters Hause sind viele Wohnungen. Wenn es nicht so wäre, hätte ich dann zu euch gesagt: Ich gehe hin, euch die Stätte zu bereiten? Und wenn ich hingehe, euch die Stätte zu bereiten, will ich wiederkommen und euch zu mir nehmen, damit auch ihr seid, wo ich bin" (Joh 14,2–3). Beim himmlischen Wohnen kommt es also schlussendlich nicht etwa aufs Dingliche an, aufs wunderbar anzuschauende Äußere, sondern auf die herrliche Liebesverbindung zu Gott.

Bei Gott selbst Wohnung zu suchen, das ist wirklich weise – und es ist echte Vorsorge. Die hilft zudem, irdische Vorsorge, Besorgnisse und Ängste befreiend zu relativieren. Das lässt aufatmen gerade in einer krisengeschüttelten Zeit wie der heutigen. Nicht zufällig steht direkt vor Jesu Aussage von den himmlischen Wohnungen der tröstliche Zuspruch: „Euer Herz erschrecke nicht! Glaubt an Gott und glaubt an mich!" (Joh 14,1). Christenmenschen sind zwar in der Welt, aber nicht von der Welt (Joh 17,16): So müssen sie als „Fremdlinge" in dieser Welt (1Petr 2,11) sich nicht zu sehr erschrecken lassen von den schlimmen Dingen, die allenthalben passieren, und selbst den drohenden Tod nicht furchtsam aus dem Bewusstsein zu verdrängen suchen. Sie sollten vielmehr ihre Geschäfte betreiben und überhaupt ihr Leben gestalten in dem klaren Bewusstsein, dass „das Wesen dieser Welt vergeht" (1Kor 7,31) und dass Jesus sie in seiner priesterlichen Person Gott näher gebracht, ja ihnen den Vater als „Liebe" erklärt und anschaulich gemacht hat. Ihm, dem König der Ewigkeit, leben sie dankbar und erwartungsvoll entgegen – im Vertrauen auf seine Gnade und Barmherzigkeit.

Denn er wird sie gern dort haben, wo er ist (Joh 12,26). Darum vermittelt er den ihm Verbundenen unvergängliche Immobilien im Himmel geschenkweise. Vielleicht mag hier und da die Frage aufkommen: Wird denn die mir persönlich zugewiesene Wohnung dann wirklich schön sein und mir gefallen? Immerhin soll ich da für immer bleiben! Von Wilhelm Herzog von Urach, Graf von Württemberg, ist der Ausspruch überliefert: „Ich bin zufrieden, wenn ich einen Stehplatz im Himmel oder nur einen ganz bescheidenen Platz bekomme." Ob angesichts solchen Denkens nicht auch im Himmel das Wort Jesu gelten wird: „Wer sich selbst erhöht, der wird erniedrigt; und wer sich selbst erniedrigt, der wird erhöht" (Mt 23,12)? Bescheidenheit könnte auch im künftigen Gottesreich eine noble Haltung sein. Aber zur Sorge besteht diesbezüglich bestimmt kein Anlass: Das Wohnen im Himmel wird in jedem Fall im wahrsten Sinn des Wortes himmlisch sein. Die ewige Heimat wird fortwährend beglücken. Und was wird es im Himmel auch über die eigene Wohnung hinaus nicht alles zu bestaunen und zu entdecken geben – Herrlichkeiten ohne Ende! Gleichwohl wird es primär auf etwas anderes am meisten ankommen. Das hat ein Kirchenlied von Hans Adolph Brorson in Worte gefasst, die der 1855 verstorbene Philosoph Sören A. Kierkegaard auf seinen Grabstein hat eingravieren lassen: Ich werde „ewiglich und ewiglich mit meinem Jesus sprechen."

Überhaupt wird es beim himmlischen Wohnen immer auch um Beziehungen gehen. Also nicht nur ums individuelle Wohlfühlen, um behagliche Wellness, sondern vor allem um wunderbare Gemeinschaft. Wohnungen sind ja nicht bloß Teil eines Hauses, sondern eines ganzen Wohnortes, ob Dörfer oder Städte. Nicht von ungefähr begegnet im Neuen Testament die Rede vom himmlischen Jerusalem. Die zu Gott und seinem Sohn gehören, werden einst dort in der herrlichen Stadt Gottes Wohnrecht haben, während andere werden „draußen" bleiben müssen (Offb 22,14–15). Der Hebräerbrief betont in diesem Sinne: „Wir haben hier keine bleibende Stadt, sondern die zukünftige suchen wir" (Offb 13,14). Wohl dem, der an solcher Suche beteiligt ist!

> »Und ich hörte eine große Stimme von dem Thron her, die sprach: Siehe da, die Hütte Gottes bei den Menschen! Und er wird bei ihnen wohnen, und sie werden seine Völker sein, und er selbst, Gott mit ihnen, wird ihr Gott sein.«
>
> Offenbarung 21,3

Dörfer und Städte bestehen freilich ihrerseits aus Häusern. Beim Apostel Paulus heißt es bildlich: „Wir wissen: Wenn unser irdisches Haus, diese Hütte, abgebrochen wird, so haben wir einen Bau, von Gott erbaut, ein Haus, nicht mit Händen gemacht, das ewig ist im Himmel" (2Kor 5,1). Diese himmlische Wohnung wird unsere eigentliche Heimat werden und bleiben. Sie bedarf keiner Renovierung oder Sanierung mehr, sondern wird ihrer göttlichen Umwelt perfekt eingepasst sein.

Freilich wäre es einigermaßen naiv, wollte man sich das himmlische Wohnen jetzt schon recht anschaulich ausmalen. Denn noch leben wir nicht im Modus des Schauens, sondern des Glaubens. Im 1. Johannesbrief heißt es dazu: „Wir sind schon Gottes Kinder; es ist aber noch nicht offenbar geworden, was wir sein werden. Wir wissen: Wenn es offenbar wird, werden wir ihm gleich sein; denn wir werden ihn sehen, wie er ist" (1Joh 3,2). Die ewige Heimat, auf die es uns ankommen muss, erstreben wir nicht, weil wir auf äußere Herrlichkeit aus wären, sondern weil wir in der unverbrüchlichen Liebe leben, die uns von Christus zuteil wird. Wir vertrauen darauf, dass er in Person „der wahrhaftige Gott und das ewige Leben" ist (1Joh 5,20).

Dabei würde ich ein gleichsam kindliches Phantasieren im Sinne einer vorläufigen, versuchsweisen Veranschaulichung des himmlischen Wohnens niemandem untersagen wollen. Denn es entspricht ja doch in gewisser Hinsicht durchaus der Leiblichkeit und Konkretheit des dann vollendet schönen Lebens bei Gott. Der neue Himmel und die neue Erde werden etwas anderes darstellen als das buddhistisch gedachte Nirvana, nämlich herrliche, von Leid befreite Schöpfung (Röm 8,18; 1Kor 15,40). Das Bedürfnis, sich das schon jetzt ein wenig auszumalen, hat mit der Vorfreude darauf zu tun. Und es sollte sich durch die erkenntnistheoretische Einschränkung, dass allen Verbildlichungen noch etwas Ungewisses und Vorläufiges eignet, nicht zu sehr dämpfen lassen!

> »Wir werden uns baden in dem Meer der Liebe Gottes. Tag und Nacht schauen wir in sein freundliches Angesicht. Seine warmen und gütigen Augen strahlen uns an, und wir erkennen, was für ein einzigartiger Gott sich über uns erbarmte und uns errettete.«
>
> Helmut Blatt

Am Ende ist das Wohnen bei Gott ein „Wohnen in Gott". Das aber kann und will schon hier auf Erden anheben. Ein Bild dafür bietet das Reformationslied „Ein feste Burg ist unser Gott": In dieser Burg lässt es sich bei allen Fährlichkeiten des Lebens gut aushalten! Ein halbes Jahrhundert nach Luther schrieb die katholische Mystikerin Teresa von Ávila das Büchlein „Die innere Burg": Hier kommt Gott auf ähnliche Weise als großes, vielschichtiges Gebäude in den Blick – als umgreifender Palast für unsere Seele. Wie wunderbar muss es erst sein, wenn Gottes himmlische Wirklichkeit für unsere auferweckten Augen sichtbar wird ...

Umarmung

Die Welt will mich betören,
sie glitzert bunt.
Doch ich will auf Gott hören –
aus Herzensgrund!
Herr, Du schenkst mir Geborgenheit
Und wahres Glück.
Verirrt bleib ich nicht auf Dauer;
ich kehre zurück.

Wenn ich den Weg nicht sehe
in Dunkelheit,
hilf, dass ich richtig gehe
in dieser Zeit.
Herr, leite mich durch deinen Geist
zum rechten Ziel.
Du weißt, dass ich Dir gehöre,
auch wenn ich oft fiel.

So nimm denn meine Hände
und führe mich!
Mein Herz stets zu dir wende,
zu lieben dich!
Du König der Vollendungswelt,
ich folge dir.
Mit deinen durchbohrten Händen
Umarme mich hier!

5
Jesus ist und bleibt ein sicherer Anker

Indes – darf denn, wenn auch nur bildlich, von „Immobilienbesitz" im Himmel die Rede sein? Geht es nicht vielmehr ums „neue Sein" statt ums „Haben"? Wäre es nicht abwegig, eine Art Verfügbarkeit im Jenseitigen zu postulieren?

Solch abstrakt-fromme Einwände mögen ein Stück weit einleuchten, fordern aber ihrerseits biblisch begründeten Widerspruch heraus. Das hat mit der Glaubensgewissheit zu tun, die mit der Christus-Verbundenheit einhergeht. So kann Jesus das ewige Leben sehr wohl als Gabe, nämlich als liebevolles Geschenk bezeichnen (Joh 17,2), das folglich in den „Besitz" der Beschenkten übergeht. Wiederholt ist neutestamentlich durchaus vom „Haben" des ewigen Lebens die Rede (z.B. Joh 3,16 und 36). Von daher ist es auch legitim, wenn die Übersetzung von Joh 17,3 in der Genfer Bibel lautet: „Das ewige Leben zu haben heißt, dich zu kennen, den einzigen wahren Gott, und den zu kennen,

> »Sein Geist spricht meinem Geiste manch süßes Trostwort zu: Wie Gott dem Hilfe leiste, der bei ihm suchet Ruh, und wie er hab erbauet ein neue edle Stadt, Da Aug und Herze schauet was es geglaubet hat.«
>
> Paul Gerhardt

den du gesandt hast, Jesus Christus." Die frohe Gewissheit in der Liebe vom und zum Versöhner und Erlöser berechtigt Glaubende, eine Art Besitzstatus hinsichtlich der himmlischen Heimat anzunehmen. Dem entspricht die Zusage Jesu, dass der Vater im Himmel den Glaubenden den heiligen Geist als „Tröster" gibt, dass er bei ihnen sei und bleibe auf ewig (Joh 14,26–27). Im Hebräerbrief heißt es demgemäß, die christliche Hoffnung sei „ein sicherer und fester Anker, der hineinreicht in den himmlischen Tempel bis ins Allerheiligste hinter dem Vorhang" (Joh 6,19). Also bitte keine falsche Bescheidenheit, sondern dankbare Freude – denn hier geht es nicht um „Haben oder Sein" (Erich Fromm), sondern um beides: Sein und Haben in froher Gewissheit!

Der dänische Philosoph Sören A. Kierkegaard hatte bereits etliche Bücher – etwa über den „Begriff Angst" oder „Die Krankheit zum Tode" nebst mehreren Predigtbüchlein – veröffentlicht, als sein treuer Diener Anders Vestergaard einmal an ihn mit der Bitte herantrat, er möge ihm versichern, dass die Seele unsterblich sei; das würde ihm eine Gewissheit vermitteln, mit der er dem Tod beruhigter entgegensehen könne. Kierkegaard aber gab ihm folgenden weisen Bescheid: Wir seien in dieser Frage alle gleichermaßen unwissend; jeder Mensch müsse sich zwischen den beiden Möglich-

»Die Heimat, die da droben unsrer wartet, zieht unser bestes und schärfstes Denken himmelwärts und nimmt unser Fühlen und Wollen gefangen in einer Sehnsucht, die – den meisten unbewußt – sich wie ein Faden durch unser ganzes Leben zieht.«

Karl May

keiten, ob es nach dem Tod weitergehe oder nicht, glaubend entscheiden, und gemäß dieser Wahl werde seine Überzeugung ausfallen.

Tatsächlich kann es sich hier nur um eine Herzensentscheidung über alles Vernünfteln hinaus handeln: Vertraut man dem absolut Guten, dem vom Absoluten her gestifteten Sinn, dann erblüht von daher eine Evidenz auch der eigenen Unsterblichkeit – eine tiefe Gewissheit, die auf der Beziehung zum absolut Guten gründet. Jesus erweist sich für solches Vertrauen bildlich gesprochen als „die Tür" (Joh 10,9), als seine unüberbietbare, froh und frei machende Ermöglichung.

Wiederum sollte solche aus befreiender Gewissheit erwachsende Freude geistlich akzentuiert bleiben, statt sich auf irdische Anker oder Erfahrungen zu stützen (Lk 10,20). Dies umso mehr, als das Blicken aufs himmlische Wohnen auch daran gemahnen muss, dass es womöglich ein tristes „Draußenbleiben" geben könnte, wo „Heulen und Zähneklappern" (Mt 8,12; 25,30) vorherrschen. Mögen höllische Aussagen der Bibel vielleicht Bildworte sein, so heißt es im Johannesevangelium doch in der Sache deutlich: „Wer an den Sohn glaubt, der hat das ewige Leben. Wer aber dem Sohn nicht gehorsam ist, der wird das Leben nicht sehen, sondern der Zorn Gottes bleibt über ihm" (Joh 3,36).

> »Wird aber jemandes Werk verbrennen, so wird er Schaden leiden; er selbst aber wird gerettet werden, doch so wie durchs Feuer hindurch.«
> Paulus (1Kor 3,15)

Ist das etwa eine dem froh machenden Evangelium unwürdige Angstmache? Nein; vielmehr handelt es sich um den sachgemäßen Hinweis darauf, dass eine seelische

Abwendung vom absolut Guten nicht folgenlos bleibt, sondern zu ihr entsprechenden Resultaten führt. Ob diese wirklich ewig stehen bleiben werden und das göttliche Gericht einst zu unabänderlichen Urteilen führt? Manche Aussagen im Neuen Testament lassen diesen Schluss zu (z.B. Mt 25,31–46), andere hingegen nicht, indem sie zum einen doch von einem möglichen Abbüßen sprechen (z.B. Mt 5,26) oder aber den Ausblick auf eine universale Versöhnung erlauben (z.B. Röm 5,18; 11,32; 1Kor 15,28; Kol 1,20). Theologisch kann man von daher durchaus zwischen einem „Gericht nach den Werken" und dem Gnadengericht für uns Menschen als Personen unterscheiden. Das aber bedeutet: Auch wenn eine Hoffnung auf Allversöhnung Gott sei Dank ihr Recht hat, ist ein göttliches Gericht damit keineswegs ausgeschlossen.

Der Weg zum ewigen Gerettetsein ist das Vertrauen auf den Retter selbst. Dem entspricht Jesu Selbstaussage, er allein sei der Weg zum Vater und damit zum Leben in den himmlischen Wohnungen: „Niemand kommt zum Vater denn durch mich" (Joh 14,6). Er in Person ist der Zugang zum Herrschaftsbereich Gottes: „Wenn jemand durch mich hineingeht, wird er selig werden und wird ein- und ausgehen und Weide finden." Das hier nochmals anzuführende Bildwort aus Joh 10,9 besagt, dass die Tür, die Jesus selbst darstellt, immer offensteht. Welch wunderbare Erkenntnis: Unser Sündersein vor Gott hindert es niemals, dass wir durch diese Tür hineingehen dürfen in die Räume der heiligen Liebe. Mehr noch: Wir müssen

> »Es hat alles seinen Sinn in den Gedanken Gottes. Wie solltest du etwas fürchten, das Sinn hat!«
>
> Viktor E. Frankl

uns nicht etwa mühevoll oder gar angstvoll aufraffen, sondern der Vater zieht uns liebevoll in die Richtung zu ihm hin (Joh 6,44). In seiner Zugewandtheit freut er sich stets, wenn wir uns ihm zuwenden. Somit ist Jesu Wort folgerichtig: „Alles, was mir mein Vater gibt, das kommt zu mir; und wer zu mir kommt, den werde ich nicht hinausstoßen" (Joh 6,37).

Dieser Herr ist unvergleichlich – nicht nur einzigartig, sondern einsame Spitze! Die mit seinem Namen verbundene Exklusivität stört die Teilnehmer moderner Religionsdialoge freilich sehr. Gleichwohl gilt: „Die Wahrheit ist exklusiv", wie der Titel eines Buches von mir lautet; sie schließt Lüge und Irrtum wesenhaft aus. Hinter Jesu Messiasanspruch, den er zunächst geheimgehalten hatte, der ihn aber schließlich doch ans Kreuz brachte, gibt es kein Zurück. Hierauf gründet die christliche Überzeugung von Gottes Dreifaltigkeit. Wer also authentisches Christsein im Blick hat, muss sich an die *Basisformel des ÖKR* halten, die in ihrer gültigen Formulierung von 1961 lautet: „Der Oekumenische Rat der Kirchen ist eine Gemeinschaft von Kirchen, die den Herrn Jesus Christus gemäß der Heiligen Schrift als Gott und Heiland bekennen und darum gemeinsam zu erfüllen trachten, wozu sie berufen sind, zur Ehre Gottes, des Vaters, des Sohnes und des Heiligen Geistes." Dabei versteht es sich vom biblischen Zusammenhang her von selbst, dass Jesus nicht nur ein Gott von vielen Göttern ist, sondern der eine Sohn des ewigen Vaters. Himmlische Wohnungen sind nicht irgendwo, sondern allein bei ihm zu bekommen.

Rettung

Die Tage, Wochen, Jahre kommen und vergehen.
Was aber bleibt von alledem am Ende stehen?
Die Liebe Gottes will uns schließlich sichten
Und gnädig retten, statt uns zu vernichten.

Unsterblichkeit ist jeder Seele tiefer Grund.
Darum ist Augenmerk geboten jede Stund':
Wo tut sich Himmel auf, wo Höllenschlund?
Wo ist der Retter, der uns macht gesund?

6
Angst vor Wohnungslosigkeit nach dem Tod?

Die Sorge um ein Verfehlen des Ziels, um ein mögliches Gehen auf Wegen, die ins Verderben führen (Mt 7,13), ist nicht ganz unberechtigt. Drohende Obdachlosigkeit im Jenseits – solche Furcht gibt es rund um den Erdball zu allen Zeiten und in den verschiedensten Religionen. Selbst Nahtod-Visionen, die bekanntlich primär auf ein überraschend schönes Sterben im Innen-Erleben hindeuten, können mitunter entsprechende Ängste schüren. So ist beispielsweise ein ganzes Kapitel des Buches „Neue Beweise für ein Leben nach dem Tod" (2017) der Nahtodforscher Jeffrey Long und Paul Perry höllischen Visionen gewidmet und überschrieben: „Unzählige Seelen, die weinten und klagten." Eine jenseitige Stimme erklärte demnach hindeutend: „Das sind die Verlorenen." Wie solch negative Ausblicke mit der ansonsten bevorzugten Perspektive zusammenstimmen sollen, dass doch Gott als Liebe zu verstehen sei, wird von den Autoren mit der

> »Wenn du nicht an ein Leben nach dem Tode glaubst, so kann man dir in gewisser Beziehung nicht ganz unrecht geben, denn es wird leider für Viele, sogar für sehr Viele nichts weniger als ein Leben sein.«
>
> Karl May

Annahme erklärt, die „armen Seelen" könnten infolge möglicher positiver Entscheidungen schlussendlich doch wieder in die himmlischen Bereiche der Glückseligkeit zurückkehren. In der Tat gibt es Bibelstellen, die sich für solch eine Annahme selbst noch für jenseitige Dimensionen heranziehen lassen (z.B. Mt 18,34; 1Petr 4,6). Überhaupt ist die Rede von „Verlorenen" nicht unbedingt in einem absoluten Sinne zu verstehen; dass der „verlorene" Sohn schließlich zur Einsicht kommt, umkehrt und bei seinem Vater liebevoll willkommen geheißen wird, lehrt Jesu berühmtes Gleichnis (Lk 15, 11–32): „Er war verloren und ist wiedergefunden."

Bekanntlich haben biblisch gegründete Theologie und Missionsarbeit neben und mit der Frohbotschaft des Evangeliums oft auch die Botschaft verlauten lassen: Ohne Jesus Christus könntest du in der Ewigkeit gewissermaßen wohnungslos sein. Keine Frohbotschaft ohne Drohbotschaft – denn sonst wird auch nicht hinreichend deutlich, wovon denn der Retter eigentlich errettet! Dass es hier nicht um billige Angstmache geht, sei nochmals unterstrichen; immerhin formuliert die Bibel hunderte Male: „Fürchtet euch nicht!" Sie verkündet Freiheit, Versöhnung, Freude und Hoffnung. Aber der Ernst der Glaubensentscheidung muss deutlich werden, wenn von dem für uns Gekreuzigten die Rede ist. Erst mit diesem Horizont werden Ausmaß und Intention der uns persönlich zugewandten Liebe erkennbar, die in Christus offenbar gemacht ist und auf unser Einstimmen zielt.

„Alles ist so ernst wie man es nimmt", meinte der Philosoph Ludwig Wittgenstein. Nach diesem Motto verfährt auch die postmoderne Gesellschaft: Eine verbindliche Wahrheit wird nicht mehr anerkannt. Man glaubt, alles sei relativ. Damit gäbe es auch keine Basis für ein göttliches Gericht. Doch der Zeitgeist ist kein Garant auf Wahrheit. Die Dinge könnten sehr wohl ernster sein, als so mancher sie nimmt. Aus biblischer Sicht stehen wir alle in der Verantwortung vor dem lebendigen Gott, von dem wir bewusst oder unbewusst wissen. So erklärt der Apostel Paulus: „Wenn Heiden, die das Gesetz nicht haben, doch von Natur tun, was das Gesetz fordert, so sind sie, obwohl sie das Gesetz nicht haben, sich selbst Gesetz. Sie beweisen damit, dass in ihr Herz geschrieben ist, was das Gesetz fordert, zumal ihr Gewissen es ihnen bezeugt, dazu auch die Gedanken, die einander anklagen oder auch entschuldigen – an dem Tag, an dem Gott das Verborgene der Menschen durch Christus Jesus richten wird, wie es mein Evangelium bezeugt" (Röm 2,14–16).

Jesus ist nach biblischem Verständnis keineswegs nur ein Prophet seiner Zeit, sondern in Person der eine Gottessohn, von dem das Johannesevangelium sagt, er sei das „wahre Licht, das alle Menschen erleuchtet, die in diese Welt kommen" (Joh 1,9). Kraft dieser inneren Erleuchtung – der Psychiater Viktor E. Frankl spricht vom „unbewussten Gott" – wohnt uns allen ein Ahnen inne, das uns auch die Stimme des Hirten erkennen lässt, wenn er uns anruft (Joh 18,37). Solches Ahnen aber stellt jeden Menschen in ein Verantwortungsverhältnis zum Herrn der Ewigkeit. Selbst einem modernen Philosophen wie Theodor W. Adorno ist klar gewesen: „Philosophie, wie sie im Angesicht der Verzweiflung einzig noch zu verantworten ist, wäre der Versuch, alle Dinge so zu betrachten, wie sie vom Stand-

»Ruhelos ist unser Herz, bis es Ruhe findet in Dir.«
Augustin

punkt der Erlösung aus sich darstellten. Erkenntnis hat kein Licht als das von der Erlösung her auf die Welt scheint ..." An die ewige Heimat zu denken und von ihr her alles zu bedenken – das kann auch heute als Weisheit gelten.

Gerade in unserer verweltlichten Kultur sind viele Menschen auf der Flucht vor Gott – nämlich vor dem „unbekannten Gott" (Apg 17,23), vor dem Umgreifenden, den sie doch erahnen, und vor seiner unausweichlichen Zukunft. Und so verdrängen sie auch allzu gern den Tod, der sich als das unvermeidliche Tor zur Gottesbegegnung erweisen muss, sofern nicht das sinnlose Nichts am Ende des Lebens wartet. Droht jenseits des Todes Wohnungslosigkeit, Heimatlosigkeit denen, die nicht zu Gott gefunden haben? Die sich nicht darum geschert haben, dass Gottes Willen zufolge alle Menschen zur Erkenntnis der Wahrheit kommen und gerettet werden sollen (1Tim 2,4)? Mit Jesus ist der Schlüssel zum ewigen Gottesreich greifbar geworden – damit er „die erlöste, die durch Furcht vor dem Tod im ganzen Leben Knechte sein mussten" (Hebr 2,15). Der Glaube an Jesus Christus befreit von Todes- und Höllenangst, emanzipiert die von ihr bewusst oder unbewusst Geplagten, ja Versklavten. Diese Loslösung oder Erlösung von der Grundangst aller Sterblichen ist jetzt bereits erfahrbar.

Schon im Hier und Heute befreit der gottmenschliche Hirte seine Schafe aus womöglich drohender Wohnungs- und Heimatlosigkeit nach dem Tod. Die Glaubenden und Getauften haben das künftige Wohnen in der göttlichen Geborgenheit laut Paulus verbrieft bekommen: „Unser Bürgerrecht ist im Himmel, woher wir auch erwarten den Heiland, den Herrn Jesus Christus, der unseren nichtigen Leib verwandeln wird, dass er gleich werde seinem verherrlichten Leibe nach der Kraft, mit der er sich alle Dinge untertan machen kann" (Phil 3,20–21). Ja wir sind im Geiste dieser lebendigen Hoffnung schon in der Gegenwart unserer irdischen Existenz zugleich „versetzt in die himmlischen Regionen" (Eph 2,6) und zu „Gottes Hausgenossen" geworden (Eph 2,19)! Das ist die heilige, aber noch verborgene, überirdisch wirkliche Dimension unseres zerbrechlichen Daseins im Hier und Jetzt.

Martin Luther hat diese lebendige Hoffnung in die Worte gefasst: „Ich werde noch geplagt von Sünden und Tod; da sehe ich kein ewiges Leben. Das ist ja noch das alte Leben. Aber darüber hat Gott ein ewiges Leben gemacht, darin wir schon leben; allerdings sehen wir es noch nicht." Von daher konnte der Reformator sagen, unser irdisches Leben sei eine Verhüllung des wahren, ewigen Lebens. Anders ausgedrückt: Unser Wohnen hier auf Erden ist eine Verhüllung unseres himmlischen Wohnens, unserer wahren Bleibe bei Gott.

Das aber heißt, dass wir Gott mitten in der Routine des Alltags, ja gerade auch inmitten von Schmerz und Leid wahrnehmen und bewusst erfahren dürfen. Von der Pfarrerin Tish Harrison Warren gibt es ein schönes Büchlein mit dem Titel „Gott wohnt in deinem Alltag. Entdecke das Heilige im Alltäglichen" (2020). Es zeigt, von welchen geistlichen Übungen und Gewohnheiten wir uns prägen lassen können. Ob es darum geht, das Bett zu machen, die Zähne zu putzen oder verlegte Schlüssel zu suchen – derartige Situationen bieten sich als Sinnbild für ein spirituelles Training an. Als Christenmenschen dürfen wir überzeugt sein, dass unser himmlischer Herr unseren Alltag durch unsere Augen einfühlsam und gnadenvoll miterlebt.

Gotteswohnung

Mich freut nicht, was mich freute.
Mich reut, was mich nicht reute.
Ich sehne mich nach Keinem
Als nur nach wirklich Einem:
Dem Vater und dem Sohne,
Dass ich in ihnen wohne
Und ihren Geist genieße,
In dem ich fast zerfließe.
Die Welt kann Gott nicht fassen.
Ihn will ich in mich lassen.
In ihm darf ich stets bleiben;
Nichts wird mich da vertreiben.

7
Gottes Liebe will keine ewige Obdachlosigkeit

Bislang ist immer noch viel Finsternis in der Welt, und die wird den biblischen Ansagen zufolge zum Ende hin sogar noch zunehmen. Wenn aber die gesamte Schöpfung einst durch Gottes Eingreifen neu geworden sein wird, dann wird sie insgesamt Gottes Wohnraum sein. Die Frage bleibt: Wenn alles durch Christus und zu ihm hin geschaffen, ja in ihm mit Gott versöhnt ist (Kol 1,16.20), kann es dann überhaupt noch sein, dass ein Teil der Geschöpfe in irgendeiner Weise ausgeschlossen bleibt von der vollendeten himmlischen Harmonie? Ist der Gedanke an ewige Wohnungslosigkeit, ja an unendliche Höllenqual mit dem Glauben an Gott als Liebe vereinbar?

Die Heilige Schrift antwortet auf diese tiefgründige Frage bei näherem Hinsehen mit einem Ja und einem Nein zugleich. Wie bereits gesagt, gibt es Bibelstellen für beide Perspektiven. Klar bleibt immerhin: Gott will, dass alle Menschen gerettet werden und zur Erkenntnis der Wahrheit kommen (1Tim 2,4). Dieser göttliche Wille ist mächtiger als jeder menschliche und wird geschehen. Er respektiert aber als Liebeswille die geliebten Personen und zwingt nicht einfach; vielmehr lockt, ruft und zieht er. Damit sind wir Menschen in die Entscheidung gestellt. Geht sie in die falsche Richtung, könnten wir das bereuen. Doch „meine Schafe hören meine Stimme", sagt Jesus und fährt fort: „Ich kenne sie und sie folgen mir; ich gebe ihnen das ewige Leben, und sie werden nimmermehr umkommen, und niemand wird sie aus meiner Hand reißen" (Joh 10,27-28).

Der Kirchenvater Augustin überlegte hinsichtlich der Gnade Gottes: „Es kann nicht die Wirkung des göttlichen Erbarmens in der Macht des Menschen liegen, dass Gott sich vergebens erbarmte, wenn der Mensch nicht will." Doch bedeutet Hölle nicht am Ende eine von Gott respektierte, nihilistische Herzensentscheidung? Indes – er will ja eben doch, dass wir zur Erkenntnis der Wahrheit kommen! Und wenn uns diese Erkenntnis früher oder später voll ergreift, ja nicht mehr zu leugnen sein wird, dann dürfte sie tatsächlich „umwerfend" und zutiefst überzeugend sein.

> »Wandelt mit den Füßen auf der Erde, mit dem Herzen aber seid im Himmel.«
>
> Don Bosco

Wo immer freilich das göttliche Erbarmen zum Ziel kommt, indem Menschen sich glaubend und tief dankbar darunter beugen, dort werden sie diese Herzensbewegung niemals als ihr „Verdienst" ausgeben, sondern immer als Wirkung des befreienden Wortes, des heilenden Geistes aus dem Himmel. Mit Paulus formuliert: „Gott ist's, der in euch wirkt beides, das Wollen und das Vollbringen, nach seinem Wohlgefallen" (Phil 2,13). Wer möchte im Übrigen ausschließen, dass Gott vorherrschenden Unglauben, zumindest sofern er auf Unkenntnis beruhte, wie gesagt nicht auch noch durch eine Begegnung mit der Christus-Botschaft jenseits des

Todes beeinflussen, verwandeln und hell machen könnte (1Petr 3,20)?

Dass es „Verlorene" gibt, sagen sowohl die Evangelien (z.B. Mt 25,41; Lk 16,23–26; Joh 3,36; 5,29) als auch der Apostel Paulus (1Kor 1,18; 2Kor 2,15). Und spricht nicht auch die gar nicht so seltene biblische Rede von den „Erwählten" dafür, dass andere eben nicht erwählt, also aussortiert und verloren sind? Aber wie steht das im Verhältnis zu den schon genannten Bibelstellen über die in Aussicht gestellte All-Versöhnung, da Gott durch Jesus Christus „alles mit sich versöhnte, es sei auf Erden oder im Himmel, indem er Frieden machte durch sein Blut am Kreuz" (Kol 1,20; vgl. Röm 11,32), damit er am Ende sei „alles in allem" (1Kor 15,28)? Müsste man theologisch nicht mit Karl Barth von Gottes „Gnadenwahl" in einem umfassenden Sinn sprechen? Wäre denn andernfalls – zumal ja alle Menschen der Entfremdung von Gott unterliegen (Röm 3,23) – eine Erwählung nur einiger eine göttliche Grausamkeit, von dem Schweizer Reformator Johannes Calvin als Horror-Gedanke bezeichnet und dem Begriff des absolut Guten schwerlich angemessen?

Eine Antwort auf diese Frage ergibt sich, wenn man das Erwählen durch die Liebe Gottes im Verhältnis von Zeit und Ewigkeit betrachtet. Der gewiss von Ewigkeit her bestehende Ratschluss des himmlischen Vaters kann im Ganzen, kann im tiefen Grunde kein anderer sein als der bereits zitierte Wille, „dass alle Menschen gerettet werden und zur Erkenntnis der Wahrheit kommen." Aber eben die göttliche Liebe weiß durchaus zu unterscheiden zwischen denen, die sich in ihrem Leben bereits ihr mehr oder weniger entschieden öffnen und sie erwidern, und jenen, die sich bis auf weiteres nicht oder nicht entschlossen genug auf sie einlassen. Auch wenn am Ende dank der in Jesus Christus vom Ursprung an beschlossenen Gnade alle gerettet werden, sind die Glaubenden von Gott erwählt zur schon weit vor dem Endziel gelingenden Liebesgemeinschaft mit ihm. Diese „Erwählten" sind für den dreieinen Gott im Blick als die hier und jetzt bereits „Seligen", die das ewige Leben schon haben und nicht mehr ins Gericht müssen: Sie sind im irdischen Zeitverlauf bereits „vom Tode zum Leben hindurchgedrungen" (Joh 5,24). Über sie ist mehr Freude im Himmel als über die lange noch Widerspenstigen.

Dieses Verständnis der göttlichen Erwählung schließt die schlussendliche Gnadenwahl nicht aus, sondern ein. Auf himmlisches Wohnen dürfen die jetzt schon Vertrauenden froh hoffen – und ihre Hoffnung wird nicht getrübt durch die das Gottesbild eher verdunkelnde Befürchtung eines Ausschlusses von einem ganzen Teil der Menschheit aus dem ewigen Glück. Gott wird sich als gerecht und als gnädig in einem erweisen. Er wird richten, aber auch retten. Die christliche Gemeinde sollte umso mehr Wohnbereich für alle Glaubensgeschwister sein, den „Streit über Meinungen" möglichst vermeiden (Röm 14,1) und offene Türen haben, die einladen zum Eintreten in den hellen, warmen Raum des offenbar gewordenen Versöhnungs- und Erlösungswillens Gottes.

8
Gottes Wohnen in uns

Es ist nicht nur so herum, dass wir in froher Gewissheit Aussicht auf Wohnraum bei Gott haben. Vielmehr nimmt auch umgekehrt Gott durch seinen allgegenwärtigen Geist in uns Wohnung. Durch die Verbindung mit Christus werden wir „mit erbaut zu einer Wohnung Gottes im Geist" (Eph 2,22).

Im Johannesevangelium sagt Jesus: „Wer mich liebt, der wird mein Wort halten; und mein Vater wird ihn lieben, und wir werden zu ihm kommen und Wohnung bei ihm nehmen" (Joh 14,23). Das aber und nichts anderes bedeutet Heiligung für die Glaubenden.

Es ist dies das Wunder des paradoxen, gnadenvollen Miteinanders von Unvollkommenen und dem Vollkommenen. Martin Luther hat es auf die einprägsame Formel gebracht, in Christus sei der Mensch *simul justus et peccator*, auf deutsch: Gerecht(fertigt)er und Sünder zugleich.

> »Wo du Wohnung hast genommen, da ist lauter Himmel hier.«
> Psalm 22,4

Unser auf Erden immer noch ein Stück weit anhaltendes Unheiligsein hindert nicht die Einwohnung des Heiligen in uns. Just so geschieht jene Neuwerdung, ohne die niemand ins Reich Gottes gelangen kann (Joh 3,3–5). Durch sie wird der Glaube selbst als Geschenk erfahren. Und der macht wiederum, dass Gottes Wort in

Lebenspfad

Wie hast du, Gott, die Welt so schön gemacht,
so groß, so bunt, so lieb und freudenreich!
Es wechseln Jahreszeiten, Tag und Nacht,
und Lebensräume, nie einander gleich ...

Doch hast du auch an Leid und Schmerz gedacht,
hast Bösem Raum gegeben und dem Tod.
Wer Lebenslust genießt und tanzt und lacht,
erfährt sie oft genug durchmischt mit Not ...

Ich danke dir, dass du bei alledem
mir Trost und Hoffnung schenkst im Übermaß!
So hab ich nie im Leben das Problem,
dass mich mein Gott womöglich ganz vergaß ...

Vom Ursprung her hast du den Weg geplant,
den deine Schöpfung seufzend gehen muss,
und hast auch meinen Lebenspfad gebahnt;
den gehe ich vertrauend bis zum Schluss ...

den mit Christus Verbundenen wohnt, also lebendig bleibt (Joh 5,38; Kol 3,16).

Martin Buber erzählt von einem jüdischen Rabbi, wie er die Frage „Wo wohnt Gott" in die Runde einiger gelehrter Männer geworfen habe, die bei ihm zu Gast waren. Die lachten darüber und erwiderten: „Wie redet Ihr! Ist nicht die Welt voll von Gottes Herrlichkeit?" Der Rabbi aber beantwortete die gestellte Frage selber mit dem schlichten Hinweis: „Gott wohnt, wo man ihn einlässt." Diese Weisheit bedarf freilich der Ergänzung: Mitunter wohnt Gott auch dort, wo er sich heilvoll auf- und hineingedrängt hat – man denke nur an die Bekehrung des Saulus zum Paulus. Der menschliche Wille ist nicht allmächtig. Gott respektiert ihn in der Regel aus Liebe. Aber es kommt der Augenblick, in dem sich die Vaterunser-Bitte universal erfüllen wird, dass Gottes Wille hier auf Erden so geschehen wird wie im Himmel. Noch herrscht Gott in dieser vergehenden Welt nicht ersichtlich, aber sein Reich ist im Kommen.

> »Wir aber sind der Tempel des lebendigen Gottes; wie denn Gott sprach : ›Ich will unter ihnen wohnen und wandeln und will ihr Gott sein, und sie sollen mein Volk sein.‹«
>
> 2. Korinther 6,16

Insofern ist es übrigens auch nicht so einfach mit der häufig gehörten These, Gott wohne in der Natur. Darf doch die oft ausgeprägte Schönheit und Buntheit der Natur nicht darüber hinwegtäuschen, dass insgesamt zur Natur auch viel Grausamkeit und Schmerz gehören – ganz grundsätzlich ja insbesondere Vergänglichkeit und Tod. Wiederum ist nicht zu bestreiten, dass Gottes Allgegenwart auf schöpferische, aber allemal verborgene Weise wirksam ist. Das ist sie jedoch in einer Art Selbstentäußerung seines Geistes, die der Selbstentäußerung Christi entspricht (Phil 2,5–8; hierzu näherhin mein Buch „Der gekreuzigte Sinn. Eine trinitarische Theodizee", 2007).

Sein Wohnen in uns bedeutet auch seine ständige Begleitung auf unserem Lebens- und Pilgerweg. Mehr noch: Sie bedeutet seine *Führung* in jeder Lebenslage. Darum – „ob ich schon wanderte im finstern Tal, fürchte ich kein Unglück" (Ps 23,4). Erkennbar ist für uns noch nicht so recht, wie die Fäden des Schicksals im Einzelnen gesponnen sind und werden; aber wir dürfen fest daran glauben, dass wir an der uns aus dem Himmel berührenden Hand unterwegs sind zur herrlichen Vollendung. „So nimm denn meine Hände und führe mich", lautet ein bekanntes Lied von Julie Hausmann (1862): „Wenn ich auch gleich nichts fühle / Von deiner Macht, / Du bringst mich doch zum Ziele, / Auch durch die Nacht." Die verborgene Wirklichkeit des in uns wohnenden Gottesgeistes wird sich in der Rückschau unseres Lebens als tragend erweisen.

9
Auferstehung als Aufsteigen ins himmlische Wohnen?

Auferstehung als Aufstieg? Viele Berichte von Nahtoderfahrungen legen solch einen Gedankengang nahe: Da wird oft ein befreites Weg- und Hochschweben von der irdischen Ebene in eine bis dahin unbekannte, himmlisch anmutende Dimension geschildert. Indes – derartige Visionen können nicht einfach naiv als „Offenbarungen" hingenommen oder für den christlichen Glauben an die Auferstehung der Toten vereinnahmt werden.
Was der Begriff der „Auferstehung" näherhin bedeutet, war schon zu neutestamentlichen Zeiten mitunter schwer verstehbar und kaum vorstellbar. Bereits Jesus hatte sich mit der Problematik zu befassen, welch zum Teil karikierende Interpretationen von Auferstehung seine Zeitgenossen wagten. Skeptikern gegenüber resümierte er, Gott sei nicht ein Gott der Toten; diejenigen, die gewürdigt würden, die kommende Welt und die Auferstehung von den Toten zu erlangen, würden nicht mehr sterben: „Sie sind den Engeln gleich und Gottes Kinder, weil sie Kinder der Auferstehung sind" (Lk 20,36.38).

> »Was für ein Schleier und Vorhang ist diese Welt der Sinne – schön, aber doch ein Vorhang!«
> John Henry Newman

Himmelwärts

Lang, lang schon führt mich meine Straße
durch Stadt und Land der Lebenszeit,
durch manches Tal, durch manche Gasse
– doch immer Richtung Ewigkeit.

Weit, weit schon hatte ich zu gehen,
manch engen Pfad und steilen Weg.
Nicht immer konnte ich weit sehen,
nicht immer fand ich einen Steg.

Hoch, hoch am Hoffnungshorizonte
winkt mir jedoch das große Ziel.
Drum lief ich tapfer, wie ich konnte,
ob ich schon strauchelte und fiel.

Hell, hell erstrahlt die Stadt der Liebe
mit Wohnraum für so manchen Gast.
Dass jeder Mensch dort schließlich bliebe,
den Ratschluss hat Gott längst gefasst.

Tief, tief erfassen Glücksgefühle
mich auf der Wanderung ins Licht.
Wenn ich zu Fuß im Schlamm noch wühle,
vergisst mein Herz das Ziel doch nicht.

Fort, fort! Die Welt vergeht und schwindet.
Wer hier sich Obhut sucht, der irrt.
Doch wer den Weg zum Himmel findet,
erfährt, dass er gerettet wird.

Groß, groß ist das Geschenk von oben:
die Gnade, die mich Pilger hebt.
Dafür will ich Gott ewig loben!
Ich weiß, dass mein Erlöser lebt.

Aus: Werner Thiede, Überm Chaos heiliger Glanz.
Glaubensgedichte, Neuendettelsau ²2019.

Auch der Apostel Paulus hatte auf dem Marktplatz in Athen Schwierigkeiten, für die dortige Zuhörerschaft verständlich von Auferstehung zu reden (Apg 17,18). Im 15. Kapitel des 1. Korintherbriefs bemühte er sich, Missverständnisse auszuschließen: „Es wird gesät verweslich und wird auferstehen unverweslich. Es wird gesät in Niedrigkeit und wird auferstehen in Herrlichkeit. Es wird gesät in Armseligkeit und wird auferstehen in Kraft. Es wird gesät ein natürlicher Leib und wird auferstehen ein geistlicher Leib" (42–44). Damit war die naive Vorstellung ausgeschlossen, bei der Auferstehung der Toten müssten die Partikel der verwesten Leichen wieder zusammengesucht werden, oder es würde sich um eine Auferweckung aus den Gräbern handeln. Aber positiv wird gesagt: Der Tod hat nicht das letzte Wort, sondern Gott hat es. Der die vergängliche Schöpfung durch sein Wort ins Leben gerufen hat, wird auch die unvergängliche, vollendete Schöpfung ins ewige Leben rufen. Und seine neue, dann unvergängliche Welt wird wieder „Welt" sein, also kein raum- und zeitloses, womöglich quasi subjektloses Wellness-Empfinden, sondern leibhaft-konkretes Leben mit Wiedererkennen der Personen und mit Bewegung unter freilich perfektionierten Bedingungen.

Es wäre überhaupt ein arges Missverständnis, den Begriff des Ewigen mit schierer Zeitlosigkeit zu verwechseln. Denn das würde Stillstand, ja Tod bedeuten. Freilich werden Raum und Zeit des neuen Himmels und der neuen Erde von anderer Art und Qualität sein als bei

> »Darauf allein kommt es an: ob wir über die Erde denken oder den Himmel; darauf, wo das Herz des Menschen ist.«
> Reinhold Schneider

der jetzigen Welt. Darüber lässt sich hier und jetzt kaum Näheres sagen: „Es ist noch nicht erschienen, was wir sein werden" (1Joh 3,2). Aber die Hoffnung auf das von Gott her auf uns Zukommende kann gar nicht groß und lebendig genug sein, um der künftigen Realität in ihrer Herrlichkeit zu entsprechen. Darauf gilt es sich zu konzentrieren. Denn wo unser Schatz ist, dort wird auch unser Herz sein. (Mt 6,21) Und unser Herz sollte trotz aller Ablenkungen, welche die vergehende Welt uns ständig im Auf und Ab des Lebens bietet, in der Liebe wohnen, die Gott selber ist und mit der Christus uns liebt.

> »Wohl glaub ich, dass alles wird viel schöner werden, Wasser, Bäume und Gras, und gar eine neue Erde sein wird, wie Petrus sagt, dass es wird Lust anzusehen sein; aber Seele und Leib zu erhalten, das wird Gott selbst tun ...«
>
> Martin Luther

10
Umzug: Wo bleiben zwischen Tod und Auferstehung?

Wer in eine andere Wohnung umzieht, muss zwischen Auszug und Einzug eine bestimmte Wegstrecke zurücklegen, einen Übergang bewältigen. Das gilt auch für das Verhältnis zwischen unserem Lebensende, dem Tod einerseits und der Auferweckung zur vollendeten Welt Gottes andererseits. Hierüber nachzudenken, ist nicht verboten, auch wenn es ein Stück weit spekulativ bleiben mag.
Was die Frage nach Zeit und Raum nach dem Tod angeht, so gibt es von jeher theologische Überlegungen hinsichtlich einer möglichen Übergangsdimension. Denn wenn die Auferstehung der Toten etwas Universales, Kosmisches sein soll, was geschieht dann mit dem Verstorbenen in der Zeit, in der die Weltgeschichte noch weiter läuft? Wo bleiben, wo wohnen sie bis zum Ende der Welt, bis zur Neuerschaffung aller Dinge? Muss man da nicht vielleicht eine Art leiblosen „Zwischenzustand" bis zur allgemeinen Auferweckung annehmen?
Hierzu hat es im Laufe der Christentumsgeschichte zum Teil recht unterschiedliche Vorstellungen und Antworten gegeben. Denkt man den „Zwischenzustand" für die Toten doch irgendwie raumzeitlich, dann kann man da theologisch eine Art „Fegefeuer" unterbringen und

Todesnähe

Müde bin ich, geh zur Ruh,
schließe meine Augen zu,
geh ins Reich des Todes ein:
Lass mich nicht verloren sein!
Herr, weck du mich wieder auf
und vollende meinen Lauf!
Lass mich ein ins Himmelreich,
mach mich deinen Engeln gleich!

Unterwegs zum großen Ziel
will ich durchaus leiden viel,
denn den Duldern bist du nah
und für die Bedrückten da.
Richte ich den Blick nach vorn,
ist befriedet aller Zorn.
Du beschließt, Herr, meine Zeit;
dein bin ich in Ewigkeit.

regelrecht zeitliche Sühnestrafen verorten. Gegen diese in der katholischen Tradition vorherrschende Vorstellung hat sich Martin Luther gewandt und argumentiert, die Toten seien „in Gottes Händen – und in keiner Kreatur Schoß oder Raum"; es gebe dort „keine Zeit, darum auch keinen besonderen Ort und weder Tag noch Nacht". In diesem Sinn vertrat der Reformator einen in der Regel empfindungslosen, vielleicht auch süßen „Schlaf" der Seele bis zum ganzheitlichen Erwachen im Zuge der Auferstehung am Jüngsten Tag. Welch „närrische Seele" müsste das sein, die, wenn sie im Zwischenzustand wach und womöglich schon wie im Himmel wäre, überhaupt noch den Auferstehungsleib begehren wollte! Beinahe schon Erkenntnisse der Aufklärung vorwegnehmend, bemerkte Luther: „Wir können durch unsere Vernunft die Zeit nicht anders ansehen als nach der Länge, müssen anfangen zu zählen von Adam ein Jahr nach dem anderen bis auf den Jüngsten Tag. Für Gott ist es aber alles auf einem Haufen ... Darum sollt ihr gerüstet sein für den Jüngsten Tag, denn er wird für einen jeglichen nach seinem Tod bald genug kommen, dass er sagen wird: Sieh an, bin ich doch erst eben gestorben!" Alle anderen, zeitgenössischen Reformatoren, auch die der Schweiz, lehnten allerdings das Konzept des Seelenschlafs ab und gingen von „wachen" Seelen im Zwischenzustand aus.

Seit Immanuel Kants Aufklärungsphilosophie aber erscheinen jegliche Jenseitsvorstellungen als zu spekulativ und insofern als haltlos. Immer weniger Theologen – wie etwa Theodor Kliefoth und Franz Splittgerber – hielten im 19. Jahrhundert an einer Lehre vom Zwischenzustand im Sinne eines wachen Wartens an unterschiedlichen „Bewahrorten" fest. Im 20. Jahrhundert herrschte im Protestantismus weithin die sogenannte Ganztod-Theologie vor. Wolfgang Trillhas etwa bezeichnete die Lehre vom Zwischenzustand gar als Irrlehre. Für Jürgen Moltmann aber ist die „Zwischenzeit" nach dem Tod kein bloßer Wartesaal, sondern bereits „erfüllt durch die Herrschaft Christi und seine Gemeinschaft mit Toten und Lebendigen (Röm 14,9)."

Seit der zweiten Hälfte des 20. Jahrhunderts versuchten katholische Theologen wie Ladislaus Boros, Gisbert Greshake und andere zunehmend, die Lehre vom Fegfeuer und vom Zwischenzustand zu spiritualisieren und von raumzeitlichen Vorstellungen zu befreien. Die Lehre einer „Auferstehung im Tod" verbreitete sich. Dagegen verwahrte sich die Ablass-Instruktion von Papst Paul VI.: Sie schloss zwar eine allzu konkrete Festlegung auf bestimmte zeitliche Fristen im Jenseits aus, doch einer völligen Verbannung der Zeitkategorie aus dem Zwischenzustand widersprach sie entschieden. Auch Joseph Ratzinger, der spätere Papst Benedikt XVI., unterstrich, man könne nicht das, was traditionell als Zwischenzustand gegolten habe, bereits als Auferstehung auslegen. Er erklärte, dass „die Theorie einer Auferstehung im Augenblick des Todes weder logisch noch biblisch begründbar" sei – und dass ihre Vertreter „weniger der Unsterblichkeit der Seele als der Auferstehung ausweichen, die der wahre Skandal des Denkens geblieben" sei.

Auf evangelischer Seite hat Moltmann zu diesem Modell kritisch angemerkt: Wenn man die „Auferstehung im Tod" als Vorwegnahme der universalen Auferstehung

> »Die Selbstoffenbarung Christi stiftet den Himmel.«
>
> Ladislaus Boros

ansehe und diese die Vollendung der persönlichen Auferstehung im Tod bezeichne, habe man ja doch jene Unterscheidung wieder eingeführt, die man eigentlich überwinden wollte. Namentlich die Beschränkung der Vollendung der Welt auf die persönliche Vollendung löse „die Gemeinschaft der Menschen mit dieser unerlösten Erde auf" – ein bemerkenswerter Einwand, der das Denken von irgendeiner Art Zwischenzustand tatsächlich nahelegt.

Indes – im Blick auf die Verhältnisse jenseits unserer Raum- und Zeitkategorien bleiben diese Debatten tatsächlich ein Stück weit spekulativ. Unterschiedliche Denkmodelle kommen freilich zu unterschiedlichen Konsequenzen für die kirchliche und spirituelle Praxis. Auch hier gilt allerdings bei allem möglichen Dissens das Wort des Apostels Paulus: „Streitet nicht über Meinungen" (Röm 14,1). Es muss um den Kern des Glaubens gehen, und der besteht in der Beziehung zu Christus selbst: „Leben wir, so leben wir dem Herrn; sterben wir, so sterben wir dem Herrn. Darum: wir leben oder sterben, so sind wir des Herrn" (Röm 14,8). Und zwar sind wir des einen Herrn, der vom Tod auferstanden ist – und uns deshalb am Ende an seiner Auferstehung teilhaben lassen wird.

> »Unsere menschliche, kreatürliche Zeitlichkeit wird zwar nie Gottes Ewigkeit werden, aber sie wird in dem Maße, als ihre Kreatürlichkeit Gottes Glorie empfangen kann, der Ewigkeit Gottes gleichgestaltet werden.«
> Peter Brunner

Würde

Du sollst aufrecht gehen
Mit erhobenem Haupt
Und wehe all denen
Die dich zu knechten
Oder zu peinigen suchen
Du Gotteskind
Denn ich wohne und bleibe
In dir auf ewig
Darauf mein heiliges Wort
Du bist frei

11
Herrliche Vergottung

Das in Aussicht gestellte Zusammenwohnen mit Gott wird eine herrliche, wahrhaft göttliche Erfahrung bedeuten. Es setzt aber auch ein Heilig-Werden, also Gott-gemäß-Werden unserer menschlichen Natur voraus – etwas, das weder Mensch noch Gesellschaft bewirken können. Da geht es um das göttliche Geschenk der Vollkommenheit, wie es auch kein technokratisches Programm und keine transhumanistische Ideologie überhaupt nur als „machbar" in den Blick zu nehmen vermag. Die Traditionen der orthodox-katholischen sowie der altorientalischen Kirchen sprechen im Zentrum ihrer Spiritualität von der „Vergöttlichung" oder „Vergottung" der menschlichen Natur am Ziel aller Dinge. Diese altgriechisch *theiosis* genannte Erlösung bezeichnet die Errettung aus der Unheiligkeit zur Teilnahme am Leben Gottes selbst, die völlige Integration erlöster Individuen, ja der ganzen Schöpfung ins göttliche Sein.

> »Ich wandre meine Straßen,
> Die zu der Heimat führt,
> Da mich ohn alle Maßen
> Mein Vater trösten wird.
> Mein Heimat ist dort droben,
> Da aller Engel Schar
> Den großen Herrscher loben ...«
>
> Paul Gerhardt

Solche Hoffnung auf Verherrlichung kann sich durchaus auf das Paulus-Wort berufen, wonach am Ende „Gott sein wird alles in allem" (1Kor 15,28). Wohlgemerkt: Gott wird demnach nicht einfach alles sein, sondern alles in allem: Das Wörtchen „in" markiert die bleibende Unterschiedenheit von Schöpfung und Schöpfer – aber eben in vollendeter Harmonie. Nachdem die Toten auferstanden sein werden, also „des Leibes Erlösung" (Röm 8,23) realisiert sein wird, wird auch die Ansage der Vergottung von 2Petr 1,4 vollkommen umgesetzt sein: Da heißt es wörtlich, den Glaubenden seien „die teuren und allergrößten Verheißungen geschenkt", damit sie dadurch Anteil „an der göttlichen Natur" bekämen.

Wohnen im Göttlichen, ja selbst als Geschöpf vergottet zu sein, kann freilich nicht das Ende der menschlichen Natur bedeuten, sondern stellt vielmehr deren höchste Erfüllung in Aussicht. Wie das ewige Wort als zweite Person der heiligen Dreifaltigkeit Mensch werden konnte, ohne dadurch sein göttliches Wesen einzubüßen, so kann auch uns Menschen eine ewig anhaltende Vergottung zuteilwerden, die unsere menschliche Natur mitnichten beseitigt. Wir werden im Reich Gottes nicht Götter sein, aber vervollkommnete Kreaturen, „vollendete Gerechte" (Hebr 12,23) – vollkommen, rein und schön in unserer Leiblichkeit und zugleich innerlich durch die Kraft des uns dann ganz und gar durchdringenden heiligen Geistes. Das dann unendliche Spiel seiner Liebe in und mit uns wird das ewige Leben ausmachen. Das Erkennen Gottes in seiner Herrlichkeit (Joh 17,22 und 24) wird Freude und Freiheit für die teilhabenden Erlösten bedeuten.

Der im 14. Jahrhundert auf dem griechischen Kloster-Berg Athos wohnende Mönch Gregor Palamas hat die

Vergottung von Mensch und Welt besonders intensiv meditiert. Für ihn kann sie schon hier auf Erden beginnen: „Wie die Gottheit des menschgewordenen Wortes Gottes dem Leib und der Seele gemeinsam ist und mittels der Seele das Fleisch vergottet, so dass durch es Gottes Werke vollbracht werden, so ist es auch bei den geistlichen Männern die Gnade des Heiligen Geistes, die mittels der Seele bis zum Leib hinüber dringt, ja auch ihn das Göttliche erleben lässt." Wenn die Seele mystisch Göttliches erlebe, habe sie schon hier und heute eine „vergottete" Leidenschaftlichkeit, die auch den Leib durchdringe. Das aber bedeutet Gnade, wie Gregor erklärt: „In den noch Unvollkommenen ist er da."

»Wir sind aber getrost und haben vielmehr Lust, den Leib zu verlassen und daheim zu sein bei dem Herrn.«

Paulus (2Kor 5,8)

Martin Luther hat die altkirchliche Rede von der Vergottung ausdrücklich bejaht. Ihm zufolge geht es um die angemessene Ausgestaltung himmlischer Existenz: Wenn der Mensch von Gott gänzlich erfüllt und geformt sein wird, dann kann und muss sein Leben ganz und gar „gottisch" werden. Diese Vollendungsperspektive hat der Reformator auch in folgende Worte fassen können: „Also werden Himmel und Erde am Jüngsten Tag, mit allen Elementen und was allenthalben ist, durchs Feuer zerschmolzen und zerpulvert werden, samt allen Menschenkörpern, so dass nichts als lauter Feuer allenthalben sein wird. Und alsbald darauf wird alles wiederum neu aufs Allerschönste geschaffen, dass unsere Körper hell leuchten werden wie die Sonne ..."

In unserer modernen Zeit hat unter anderem der namhafte protestantische Theologe Wolfhart Pannenberg das Wohnen im Ewigen thematisiert: Da werde die Selbständigkeit des Geschöpfes auch in der Vollendung erhalten bleiben, ja sie werde sogar erst durch die Vergottung „in ihrem eigentlichen Sinne, nämlich als Realisierung der wahren Freiheit des Geschöpfes vollendet." Ist sie doch Bedingung der Gegenseitigkeit der endgültigen Harmonie, in der das Geschöpf nicht nur verherrlicht wird, sondern auch seinerseits Jesus Christus und den Vater verherrlicht: „Von solcher Gegenseitigkeit kann nur gesprochen werden, weil das Geschöpf ein in sich selber zentriertes Dasein hat, das durch Spontaneität im Verhältnis zu Gott wie zu den Menschen ausgezeichnet ist." Daher könne die ihm widerfahrende Verherrlichung nicht etwa sein Verschwinden im Leben Gottes oder gar in einem Nirwana bedeuten. Ich meine, es ließe sich von „vergotteter Autonomie" sprechen – analog zur Autonomie Gottes, die alles in Gang gesetzt hat und zur theonomen Vollendung bringen wird.

> »Der vollkommene Ort – ist das nicht der Ort totaler Geborgenheit, aber zugleich auch der Ort der vollen Entfaltung?«
>
> Paul Tournier

12
Neue Adressen

Wenn der Gedanke ans künftige Wohnen im Reich Gottes ganz selbstverständlich die Vorstellung beinhaltet, dass wir auch und gerade als Vollendete bewusste Personen sein und bleiben werden, dann darf zugleich mit neuen, neuartigen Räumen, mit perfekter Leiblichkeit und Gemeinschaft gerechnet werden. Wer wohnt, hat sein eigenes Unterkommen, Nachbarn – und auch im Himmel gewissermaßen eine Adresse. Zu einer Wohnung gehört eine Eingangstür, und an der könnte einst ein Namensschild prangen. Denn unser Name steht für unser individuelles Personsein mit seiner Würde. Bereits in der Taufe ist er mit dem Namen Jesu Christi untrennbar verknüpft worden. Und für unser Christenleben gilt Jesu Rat, wir sollten uns vor allem darüber freuen, dass unsere Namen im Himmel geschrieben sind (Lk 10,20).

Indes – vielleicht werden wir es in unserer himmlischen Wohnung einst nicht mehr mit unseren alten Namen zu tun haben. Dies umso weniger, als sich das Namensrecht in unterschiedlichen Kulturen ja auch unterschiedlich gestaltet hat, so dass zum Beispiel hier oder da Namen sogar problemlos abgelegt oder abgeändert werden können. Sollen nicht in Deutschland aktuell Namen immer mehr austauschbar werden wie Kleider –

Unsterblichkeit

Einst werde ich gestorben sein
und tot für diese schnöde Welt.
Den Leib frisst die Vergänglichkeit.
Ein Grabstein steht und steht – und fällt.
Mein Hab und Gut, mein Lebenswerk –
all das hat nur begrenzt Bestand.
Selbst freundliche Erinnerung
an mich verläuft zuletzt im Sand.
Doch weil der Himmel mich bewahrt
und Gott mich ewig leben lässt,
auch wenn die Welt zugrunde geht,
ist jetzt schon jeder Tag ein Fest.

wie ja auch die geschlechtliche Identität „autonom geändert" werden kann?

Beim Einzug in unsere himmlische Wohnung wird durchaus ein gewisser Identitätswechsel unumgänglich sein. Es beginnt damit, dass wir dereinst einem Wort Jesu zufolge weder Mann noch Frau sein werden (Mt 22,30); schon das könnte neue Namen bedingen. Überhaupt: „Fleisch und Blut können das Reich Gottes nicht ererben; auch wird das Verwesliche nicht erben das Unverwesliche" (1Kor 15,50). Aber neben solchen „Äußerlichkeiten" wird es vor allem um eine Änderung unserer Innerlichkeit gehen müssen. Das ist bereits angeklungen – und ist auch ersichtlich aus dem bekannten schlichten Kindergebet: „Lieber Gott, mach mich fromm, dass ich in den Himmel komm!" Zutreffend formuliert dieser Gebetsreim, dass das Fromm-Werden nicht menschliche Anstrengung und Leistung darstellen kann, sondern etwas ist, was Gott selbst an uns wirken muss und vertrauensvoll als sein Geschenk erbeten werden darf. Logisch ist: Als die sündhaften Menschen, die wir hier auf Erden mehr oder weniger geblieben sind, werden wir am Ende das Himmelreich nicht betreten können; vielmehr bedarf es einer grundlegenden Verwandlung im Sinne ganzheitlicher Heiligung und Heilung. Das erforderliche Neuwerden im Heiligen Geist beschreibt Jesus laut dem Johannesevangelium als „Wiedergeburt": „Es sei denn, dass jemand von neuem geboren werde, so

> »Im Buch des Lebens stehen die Namen derer verzeichnet, die das himmlische Bürgerrecht besitzen, im Gericht bewahrt bleiben und in das ewige Leben eingehen werden ...«
>
> Eduard Lohse

kann er das Reich Gottes nicht sehen"; denn „was vom Fleisch geboren ist, das ist Fleisch; und was vom Geist geboren ist, das ist Geist" (Joh 3,3.6).

Muss uns diese Perspektive etwa Angst machen? Keineswegs! Vielmehr dürfen wir uns darauf freuen: Sind wir doch als Glaubende wie Embryos, denen eine Geburt bevorsteht! Auch wenn der Geburtsvorgang als solcher schmerzlich sein mag, ist doch sein Ergebnis wunderbar. Keineswegs sollten wir uns die notwendige Neugeburt als eigenes „Werk" vorstellen – so wenig ein Baby dazu beitragen kann, dass es geboren wird. Nicht ohne Grund erklärt Jesus in derselben Rede von der Wiedergeburt: „So sehr hat Gott die Welt geliebt, dass er seinen eingeborenen Sohn gab, damit alle, die an ihn glauben, nicht verloren werden, sondern das ewige Leben haben. Denn Gott hat seinen Sohn nicht in die Welt gesandt, dass er die Welt richte, sondern dass die Welt durch ihn gerettet werde" (Joh 3,16–17). Die Rettung vor Tod und Gericht ist und bleibt Gnade – rein göttliches Geschenk in der Bindung an den einen Gottessohn, in dem uns der himmlische Vater sich authentisch gezeigt und seinen Namen offenbart hat (Joh 17,6).

Zu diesem Geschenk gehört es, dass wir im Himmel eine umfassend neue Identität erhalten und nicht nur leiblich, sondern auch geistig in Vollkommenheit erneuert

> »Neue Namen sind für eine bedrohte und verfolgte Gemeinde eine beruhigende Verheißung und außerdem ein Hinweis darauf, dass Gott alles neu macht. Denn wie der Name so der Träger. Namen machen Leute. Das ist apokalyptische Namenstheologie.«
> Klaus Berger

sein werden. Und das wird nicht zuletzt dadurch zum Ausdruck kommen, dass wir neben einer neuen Wohnung obendrein einen neuen Namen erhalten werden. Jesus spricht in der Offenbarung des Johannes von einem weißen Stein, den er dem Erlösten geben wird: Darauf „ist ein neuer Name geschrieben, den niemand kennt als der, der ihn empfängt" (Offb 2,17). Das muss nun nicht unbedingt bedeuten, dass dieser neue, geheimnisvolle Name dauerhaft versiegelt bleibt. Vielmehr wird ja dem Erlösten auch verheißen: „Ich will auf ihn schreiben den Namen meines Gottes und den Namen des neuen Jerusalem, der Stadt meines Gottes, die vom Himmel hernieder kommt von meinem Gott, und meinen Namen, den neuen" (Offb 3,12). Folglich wird unser neuer Name zuinnerst mit dem neuen königlichen, dann höchst öffentlichen Namen unseres Erlösers verbunden sein. Wir werden adressierbar sein als Menschen, die für immer zu ihm gehören. Es lohnt sich, dass wir uns auf diese Zukunft intensiv einstellen.

Himmlisch wohnen heißt: auf ewig angekommen sein. Innerlich dürfen wir das im Glauben schon hier und heute dankbar vorwegnehmen, ja anbetend feiern. So erfahren wir inmitten dieser vergänglichen und nicht selten schmerzhaften Welt eine Geborgenheit, die uns über alle Vergänglichkeit und Zerbrechlichkeit irdischen Daheim-Seins erhebt. Sie ermächtigt uns nicht zuletzt zu einem tiefen Sinn für Humor; denn echter Humor zeugt von innerer Überlegenheit über die oft gar nicht lustigen Daseinsbedingungen unserer vergänglichen Realität. Von daher

»Humor ist in seiner höchsten Form eine Art Erhabenheit.«

Thomas Carlyle

könnte ich in Abwandlung des zu Beginn des Vorworts zitierten Witzes formulieren: „Hätten wir gewusst, wie schön es in unserer himmlischen Wohnung ist, hätten wir nicht so traurig gelebt!"

Mögen meine Ausführungen insgesamt dazu beitragen, dass die Wirklichkeit, die bei Gott auf uns wartet, stärker in unsere Bewusstsein dringt und wir folglich hoffnungsfroher leben! Himmlisch wohnen – der Gedanke daran bedeutet wunderbare Horizonterweiterung. Er kann uns schon hier und heute innerlich erheben, ja wie im siebten Himmel schweben lassen, zumal unsere Neuwerdung im Glauben bereits begonnen hat und das himmlische Erbe uns in der Taufe zugesichert ist. Der Neutestamentler Klaus Berger erklärt: Bei der Taufe „geht es um einen neuen Namen. Er steht für das neue Sein; er hindert aber auch den Teufel am Zugriff, denn der kennt sich dann nicht mehr aus, findet den früheren Menschen nicht mehr, denn der ist für ihn sozusagen gestorben." Darum darf uns auch das Vergangene nicht mehr bedrücken – und selbst Gegenwärtiges oder irdische Zukunft nicht. Die Zusage himmlischer Geborgenheit lässt uns schon jetzt unter dem Schatten des Allmächtigen wohnen, dessen Reich kommen wird, so gewiss die ganze Schöpfung einen zielgerichteten Sinn hat.

> »Wir müssen den Himmel so sehen, wie er ist: der Ort, für den wir geschaffen worden sind. Wenn wir das tun, erfüllt er uns heute schon mit ansteckender Freude, Spannung und Erwartung.«
>
> Randy Alcorn

Dass wir überhaupt einst himmlisch werden wohnen können, verdanken wir der wunderbaren Entscheidung und Tat des ewigen Gottessohnes, selber in der vom Göttlichen entfremdeten Welt Wohnung zu nehmen und damit unser aller Bruder in der irdischen Zeit zu sein. Wenn wir in ihm die Tür zur ewigen Heimat erkennen und bejahen, werden wir dort eingehen und leben dürfen – als Geschöpfe, die ihr Geschöpfsein und ihre Versöhnung dankbar als Geschenk der ewigen Liebe angenommen und gerade auch diese zentrale „eigene" Entscheidung als Gnade verstehen gelernt haben werden.

Literaturhinweise

Randy Alcom: Der Himmel. Was uns dort wirklich erwartet, 6.Aufl. Holzgerlingen 2010.

Jan Badewien: Reinkarnation – Treppe zum Göttlichen? Konstanz 1994.

Heinrich Bedford-Strohm (Hg.): „... und das Leben der zukünftigen Welt". Von Auferstehung und Jüngstem Gericht, Neukirchen-Vluyn 2007.

Klaus Berger: Ist mit dem Tod alles aus? Stuttgart 1997.

Uwe Bork: Paradies und Himmel. Eine Reise an die Schwellen des Jenseits, Stuttgart 2004.

Ladislaus Boros: Was kommt nachher? Das Leben nach dem Tode, Salzburg 1982.

John Burke: So ist der Himmel, Vaihingen 2018.

Martin Ebner u.a. (Hg.): Der Himmel. Jahrbuch für Biblische Theologie 20, Neukirchen-Vluyn 2006.

Arnold G. Fruchtenbaum: Das Jenseits. Was sagt die Bibel über die Zukunft von Seele und Leib? Düsseldorf 2013.

Ottmar Fuchs: Das Jüngste Gericht. Hoffnung über den Tod hinaus, Regensburg 2019.

Lothar Gassmann: Wie werde ich wirklich glücklich? Schritte in ein neues Leben, Pforzheim 2022.

Werner Gitt: Der Himmel. Ein Platz auch für dich? Lage 2018.

Anselm Grün: Bis wir uns im Himmel wiedersehen, Stuttgart 2009.

Tabea Halbmeyer (Hg.): Himmlische Aussichten, Witten 2012.

Ulrich H. J. Körtner: Die letzten Dinge, Göttingen 2014.

Jacob Kremer: Die Zukunft der Toten. Hoffnung auf persönliche Auferstehung im Wandel der Zeiten, Stuttgart 1988.

Hans Küng: Ewiges Leben? München/Zürich 1982.

Bernhard Lang/Colleen McDannell: Der Himmel. Eine Kulturgeschichte des ewigen Lebens, Frankfurt a. M. 1990.

Gerhard Lohfink: Am Ende das Nichts? Über Auferstehung und Ewiges Leben, 5. Aufl. Freiburg i. Br. 2017.

John Macarthur: Die Herrlichkeit des Himmels, 3. Aufl. Dillenburg 2016.

Jürgen Moltmann: Auferstanden in das ewige Leben. Über das Sterben und Erwachen einer lebendigen Seele, Gütersloh 2020.

Joseph Ratzinger: Eschatologie – Tod und ewiges Leben, Regensburg 1977.

Hans Schwarz: Die christliche Hoffnung. Grundkurs Eschatologie, Göttingen 2002.

Reinhard Slenczka: Ziel und Ende, Neuendettelsau 2008.

Bertram Stubenrauch: Was kommt danach? Himmel, Hölle, Nirwana oder gar nichts, Augsburg 2007.

Joni Eareckson Tada: Spiel mir das Lied vom Himmel. Was die Bibel über den Himmel sagt, Holzgerlingen 1999.

Willem Teellinck: Das neue Jerusalem, Siegen 2021.

Werner Thiede: Auferstehung der Toten – Hoffnung ohne Attraktivität? Göttingen 1991.

Werner Thiede: Lust auf Gott. Einführung in die christliche Mystik, Berlin 2019.

Werner Thiede: Unsterblichkeit der Seele? Interdisziplinäre Annäherungen an eine Menschheitsfrage, 2. Aufl. Berlin 2022.

Werner Thiede: Im Namen des sogenannten Fortschritts, Bergkamen 2023.

Markus Till: Aufatmen in Gottes Gegenwart. Eine Reise zum Leben im Vaterhaus, Bergneustadt 2022.

Paul Tournier: Geborgenheit – Sehnsucht des Menschen, Bern 1969.

Hermann Wohlgschaft: Schuld und Versöhnung. Das Letzte Gericht und die größere Hoffnung, Würzburg 2019.

Jörg Zink: Auferstehung. Und am Ende ein Gehen ins Licht, Stuttgart 1999.